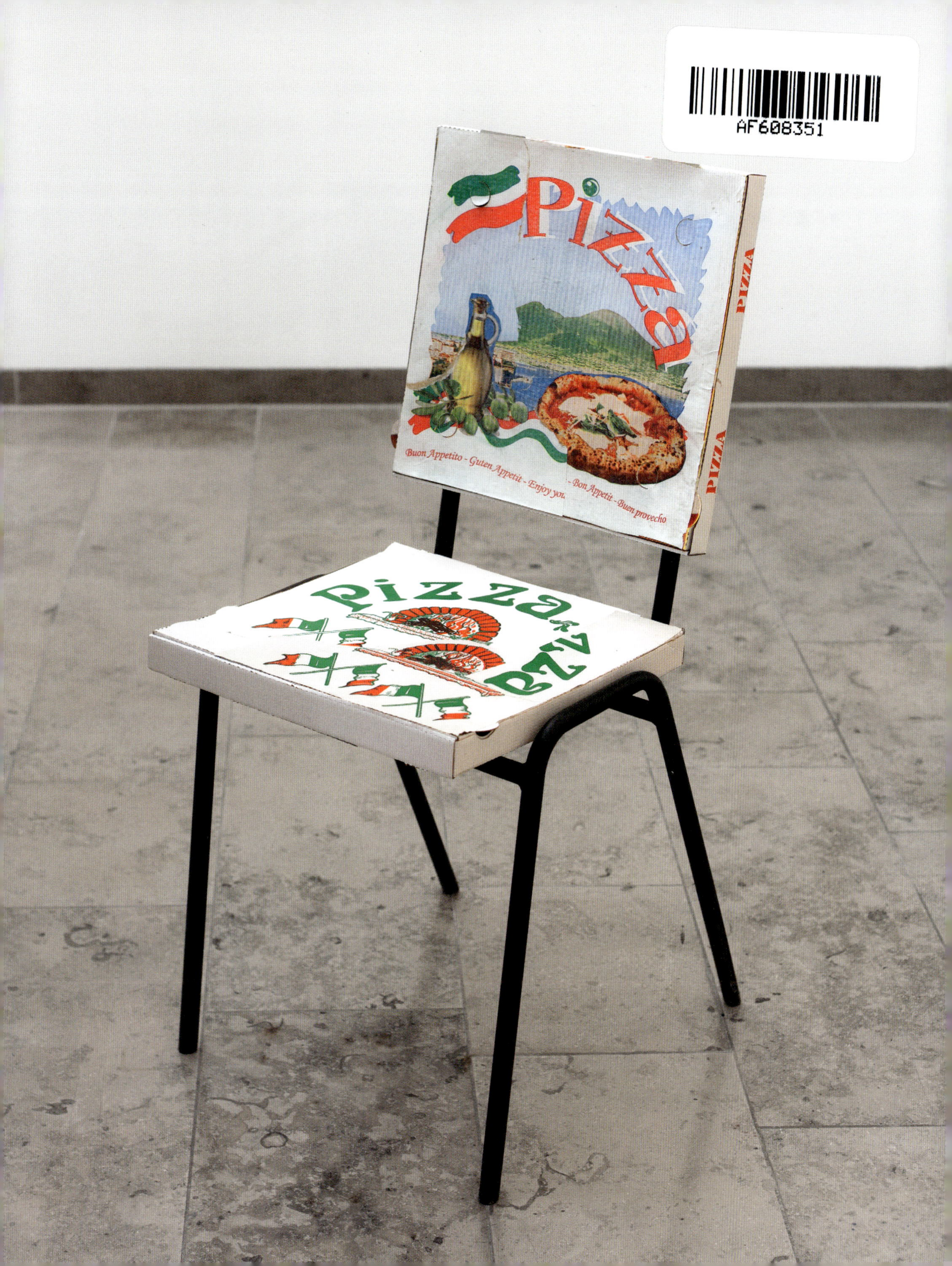
Pizza
Buon Appetito - Guten Appetit - Enjoy you
- Bon Appetit - Buen provecho
PIZZA
PIZZA
Pizza

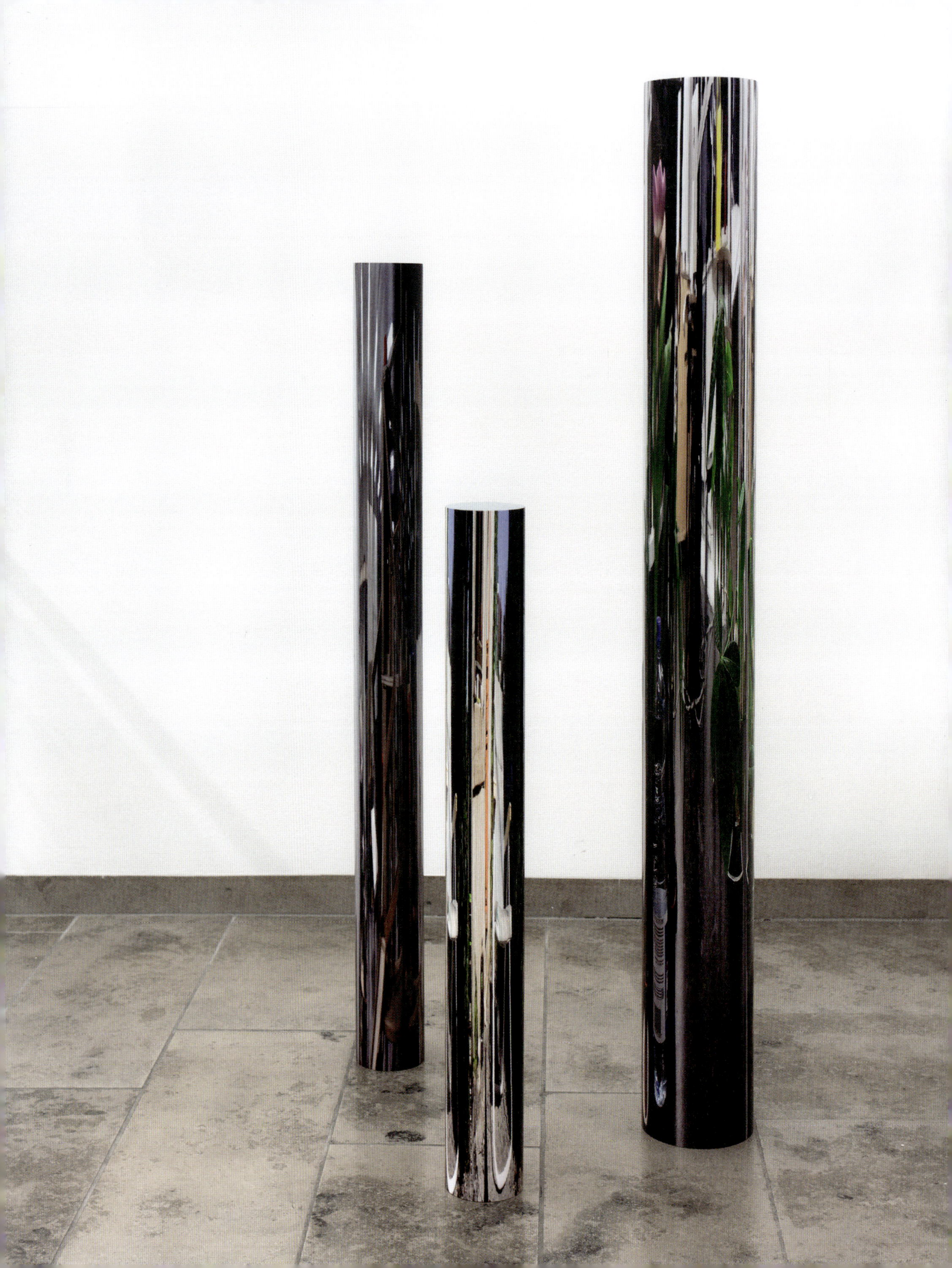

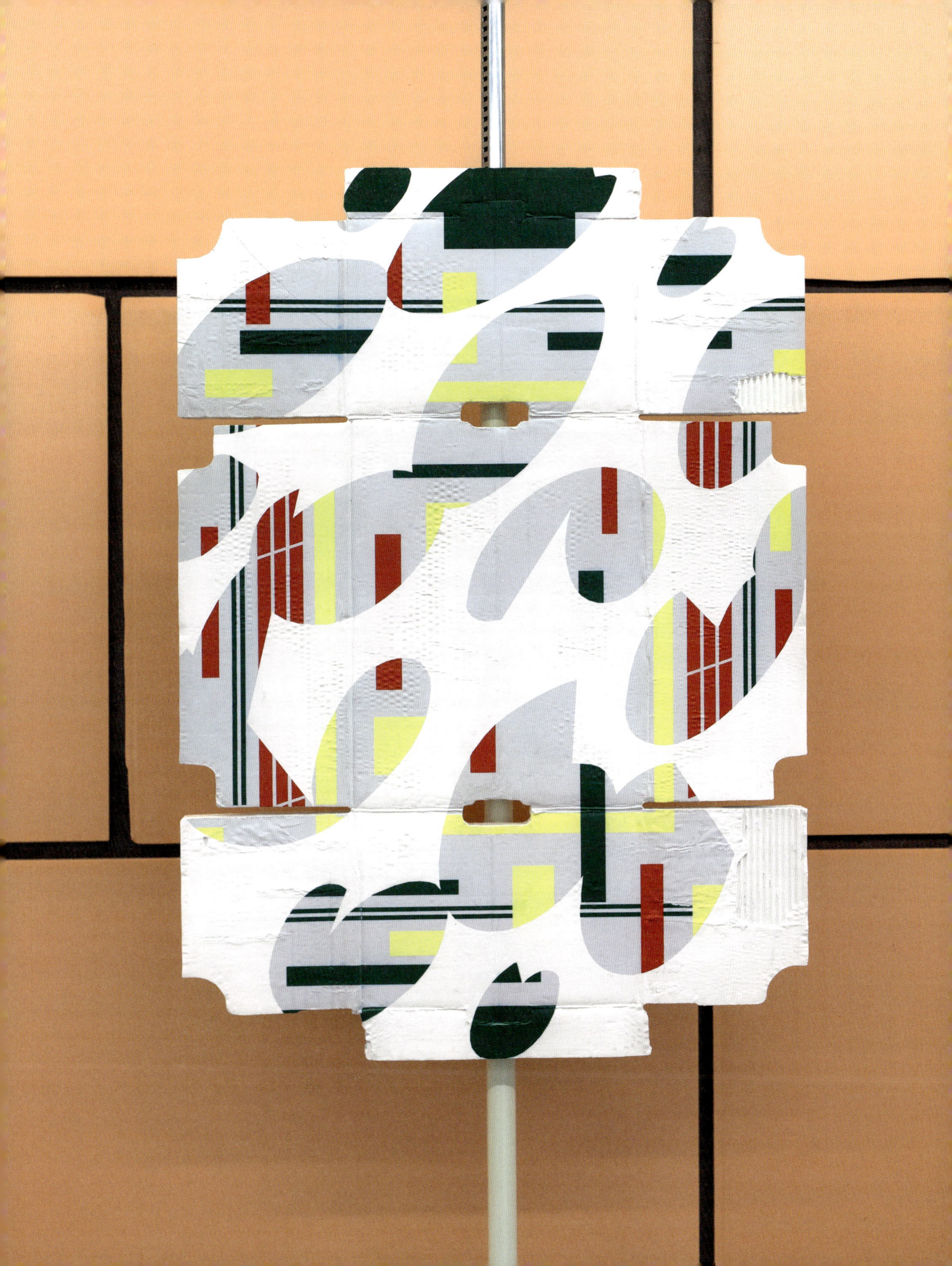

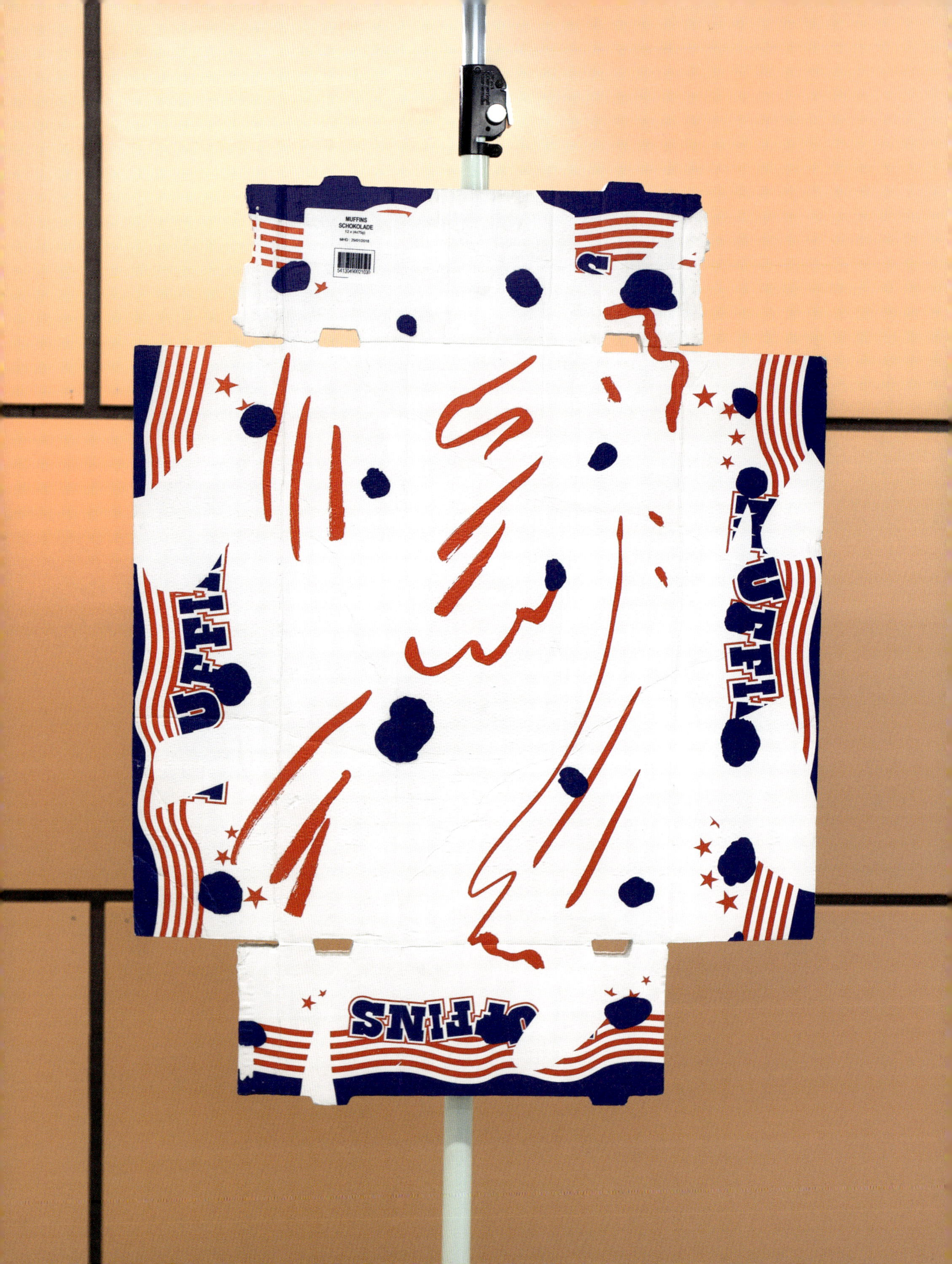
MUFFINS
SCHOKOLADE
MHD : 29/01/2018
UFFI
UFFI
UFFINS

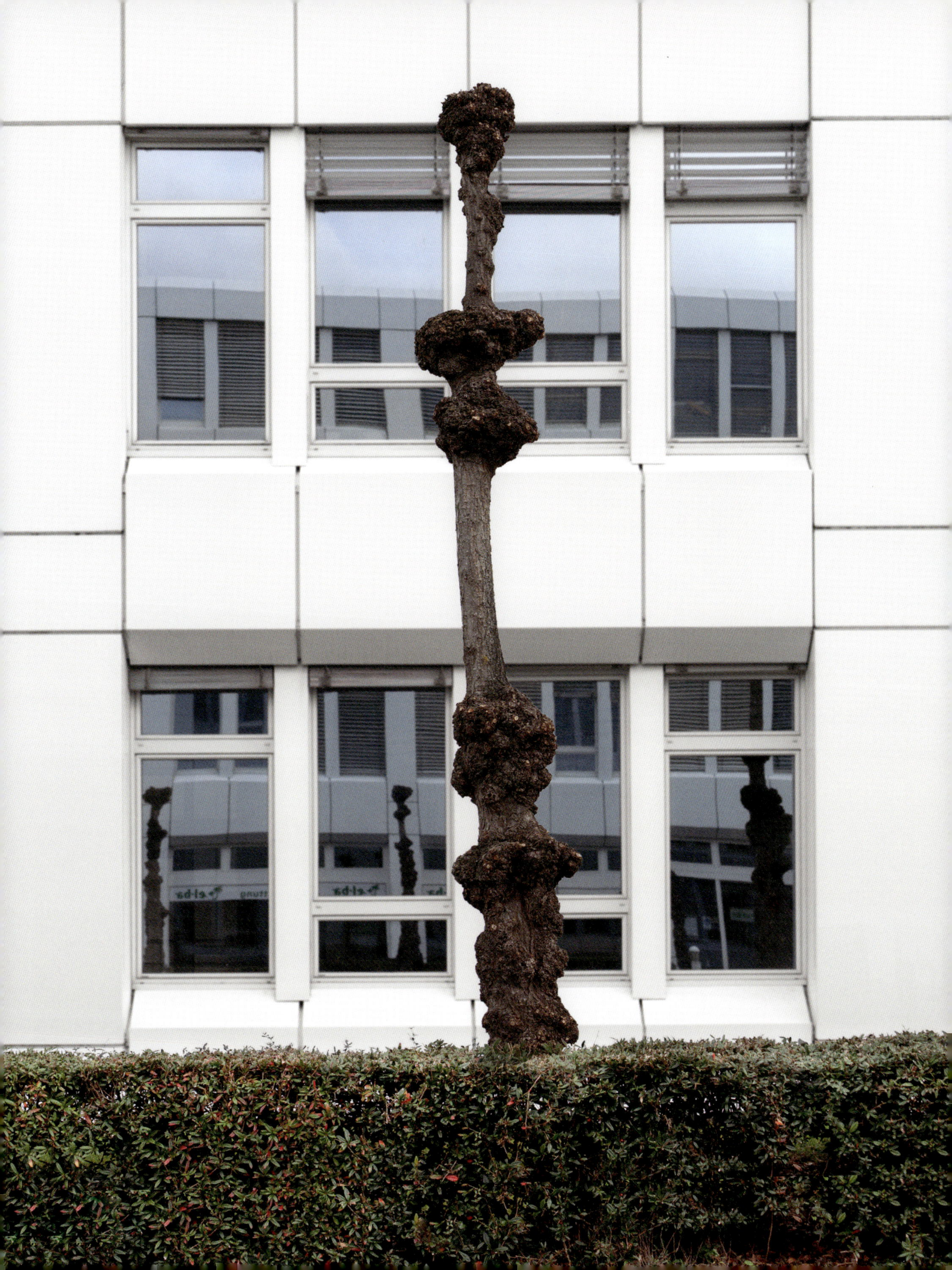

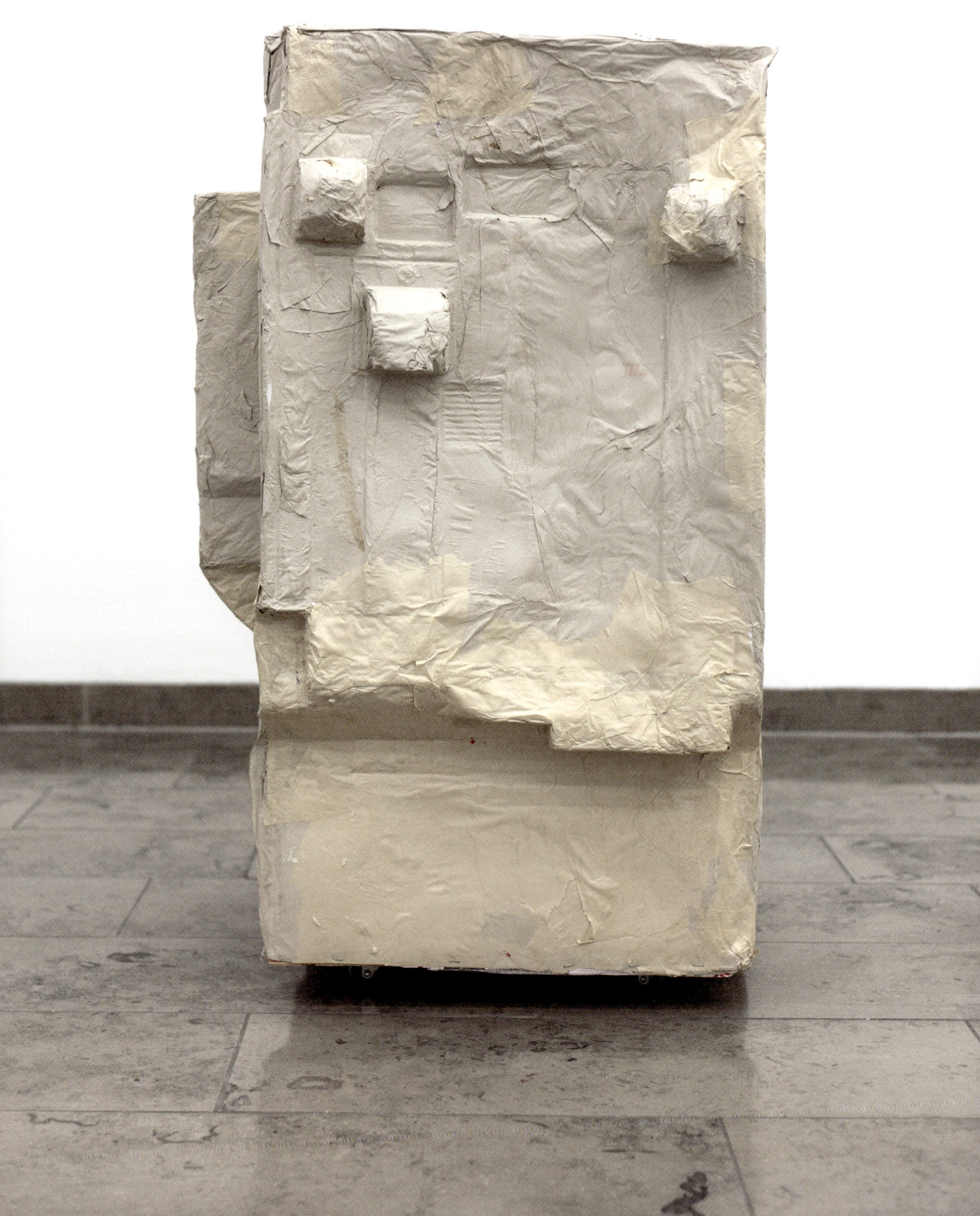

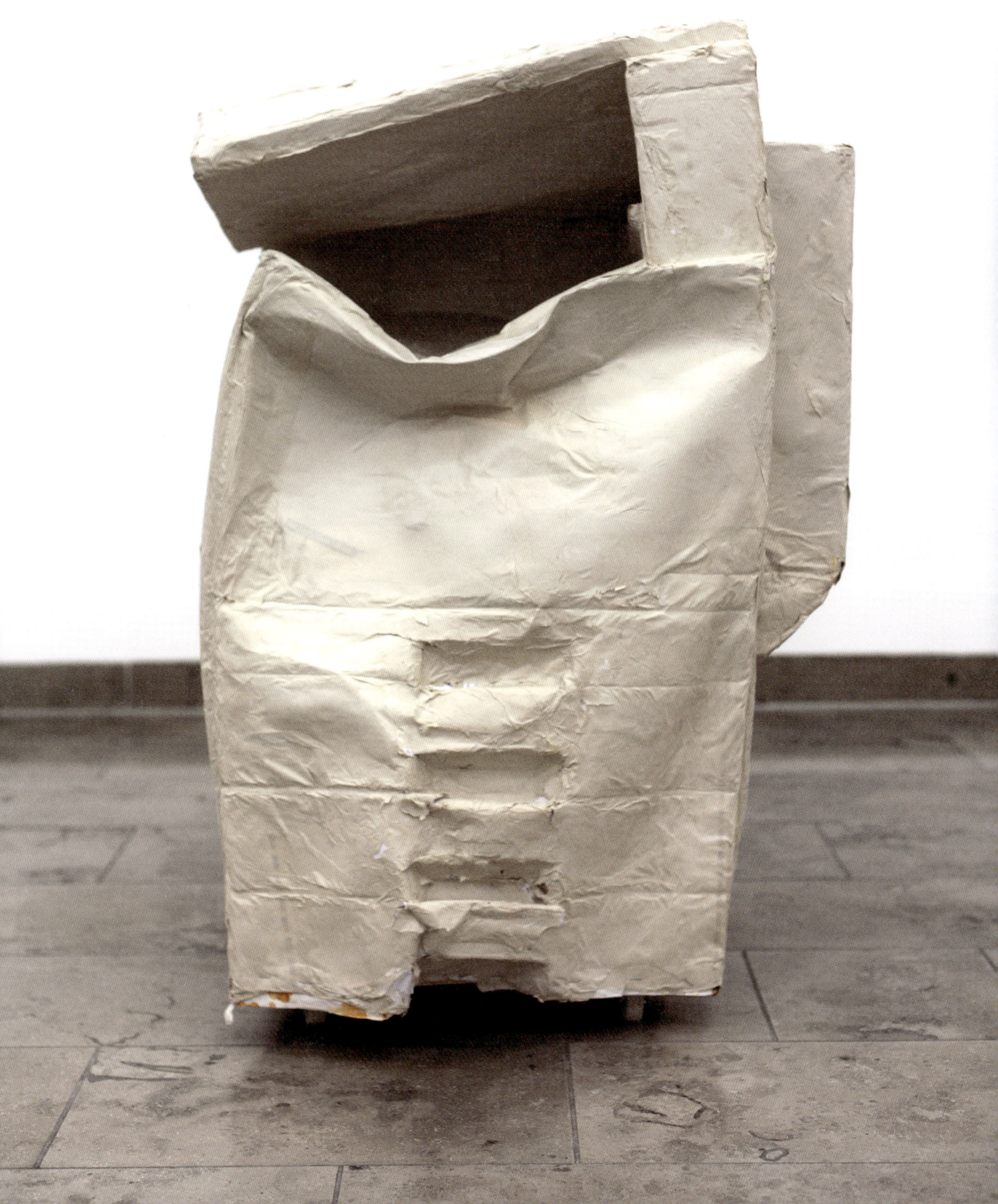

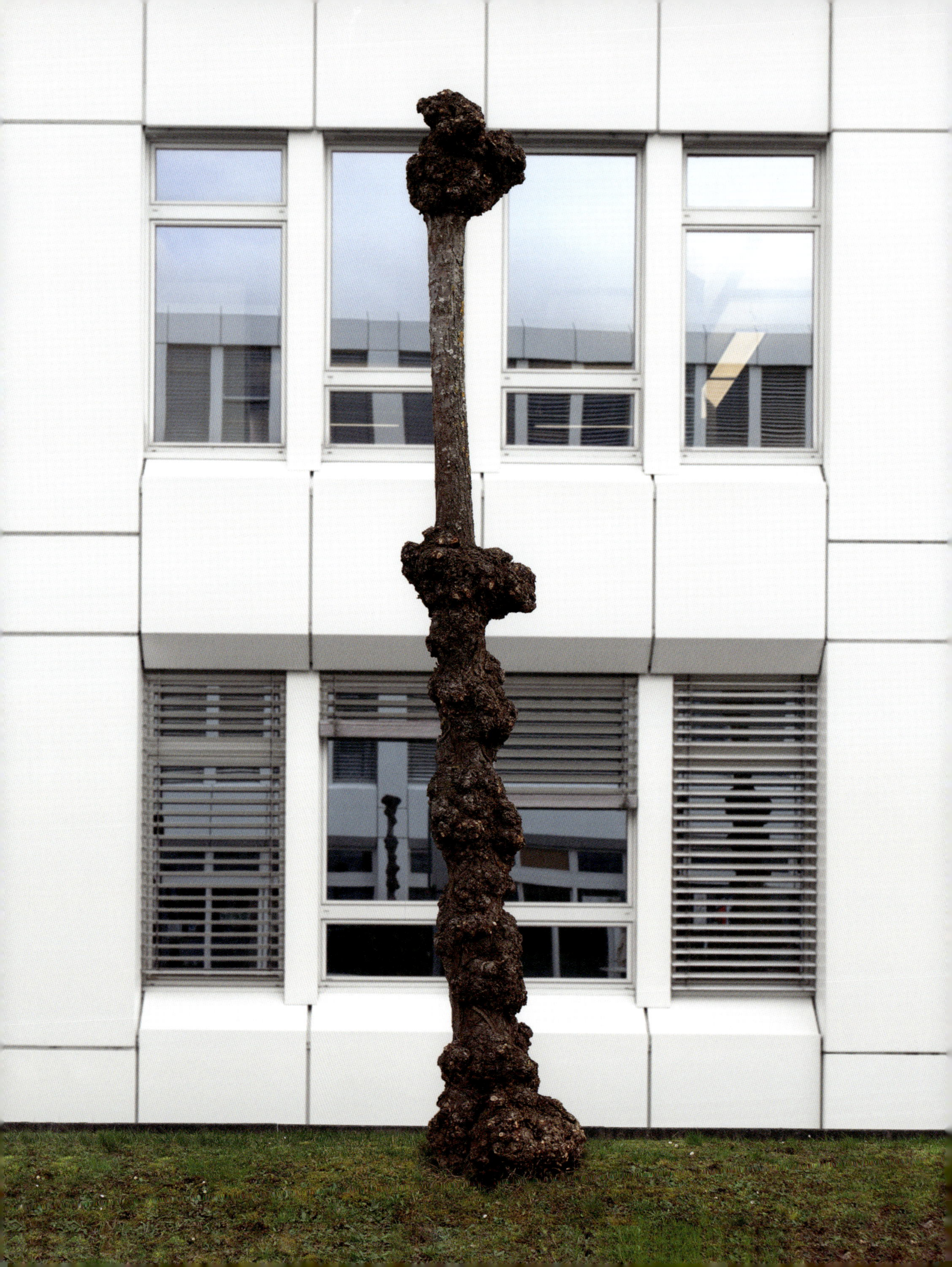

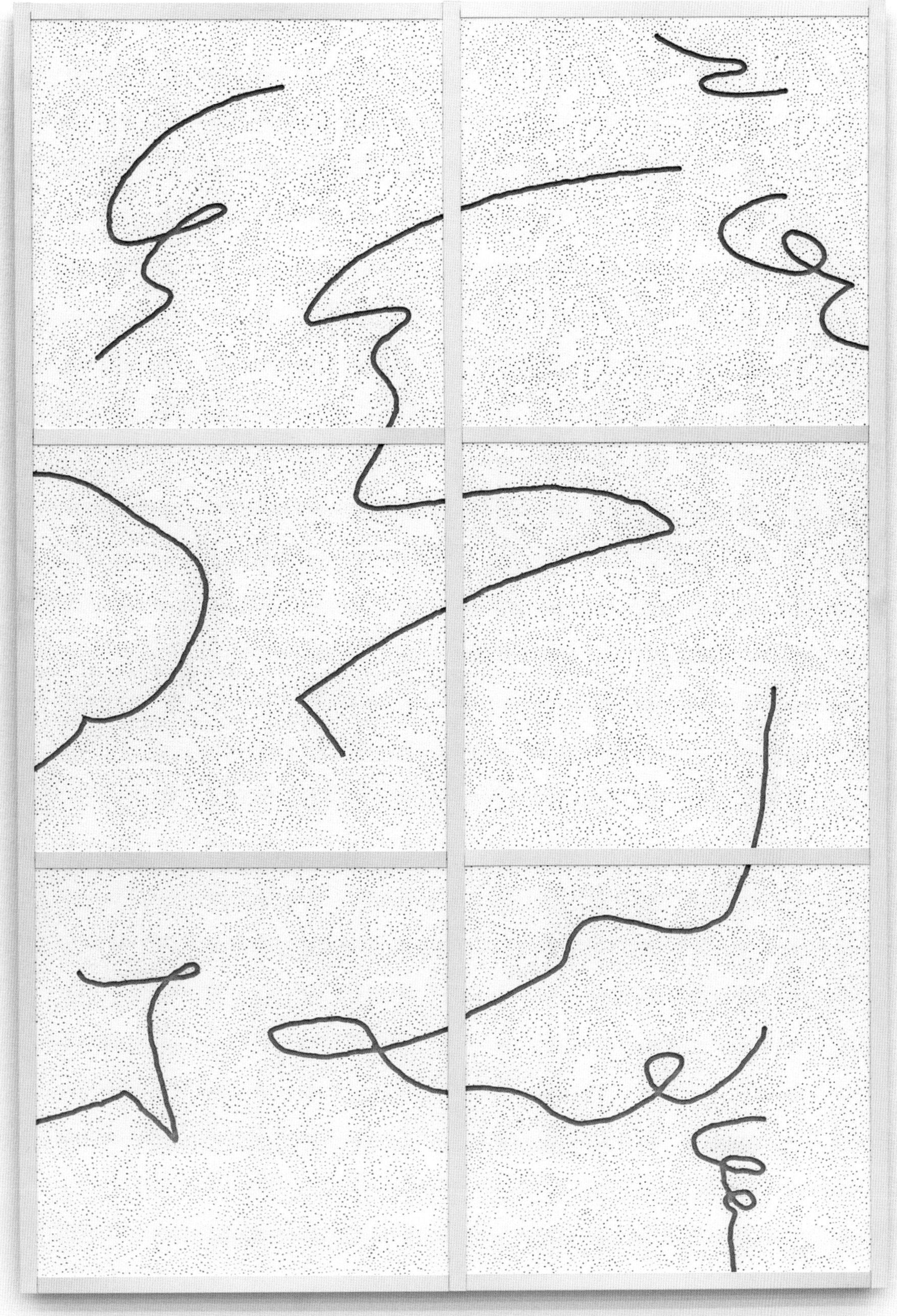

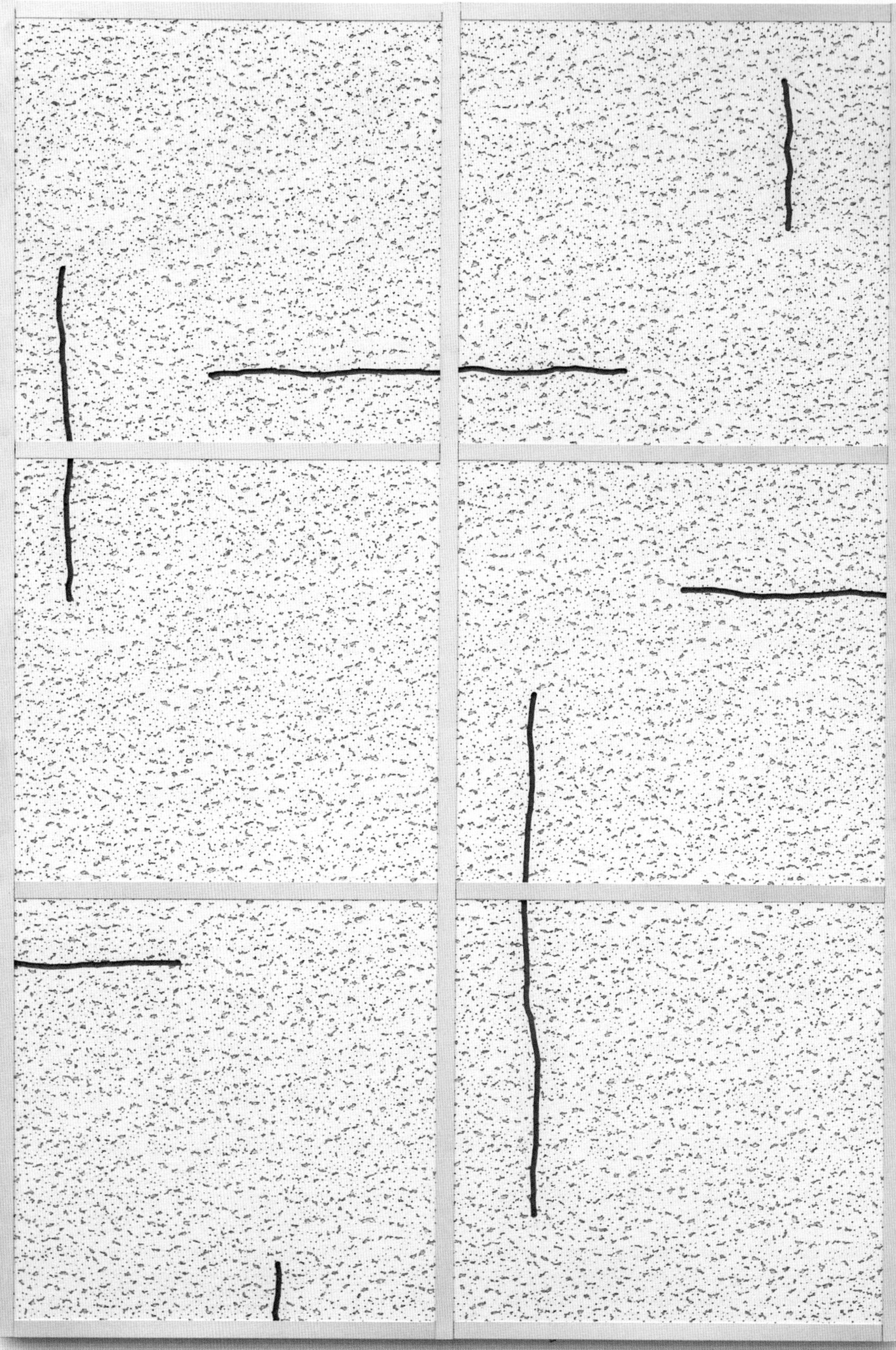

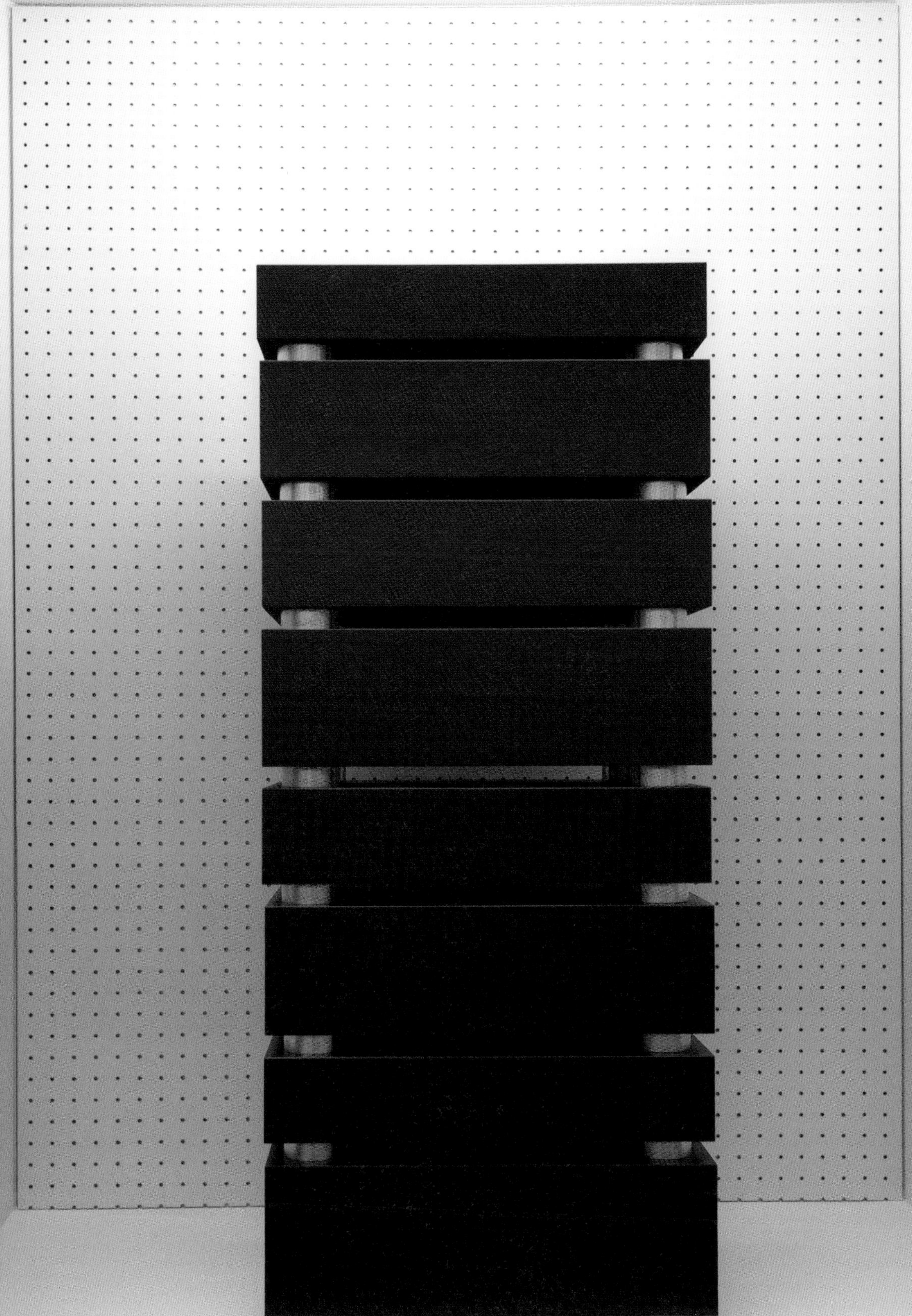

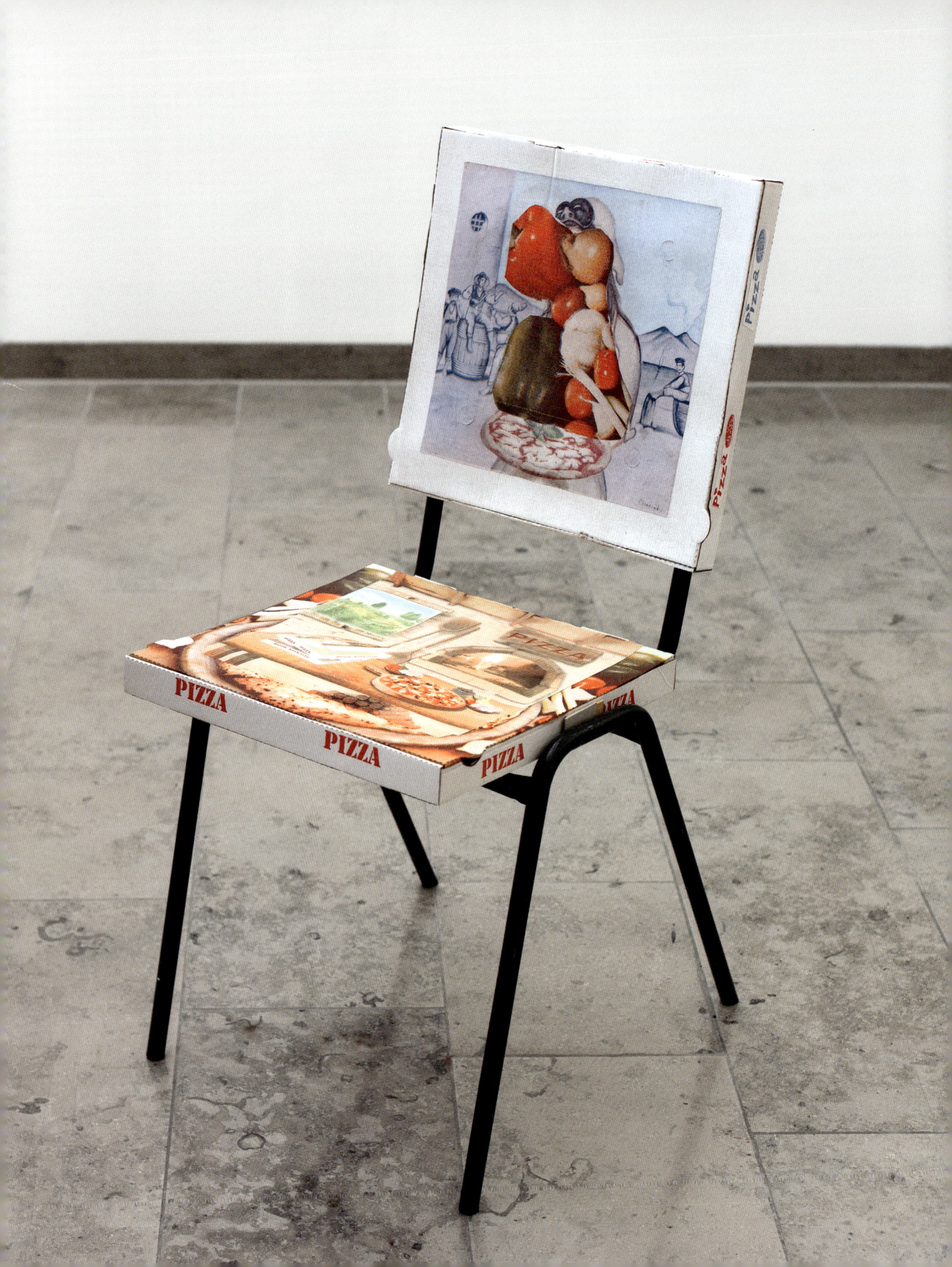
PIZZA
PIZZA
PIZZA
PIZZA
Pizza
Pizza